AF339569

NOTICE

SUR LA VIE DE

M. L. DE CHEVRY

ET

DISCOURS

PRONONCÉS SUR SA TOMBE

A CHEVRY (SEINE-ET-MARNE).

Sagesse, Loyauté, Persévérance

PARIS

CHARLES DOUNIOL, LIBRAIRE-ÉDITEUR

RUE DE TOURNON, 29.

—

1867

NOTICE

SUR

M. PIERRE-EDGARD LANGLOIS DE CHEVRY

PARIS. — IMP. VICTOR GOUPY, RUE GARANCIÈRE, 5.

PIERRE EDGARD

LANGLOIS DE CHEVRY

Né à Paris, le 25 février 1827,

Mort à Paris, le 13 mars 1867.

NOTICE

M. L. DE CHEVRY

ET

DISCOURS

PRONONCÉS SUR SA TOMBE

A CHEVRY (SEINE-ET-MARNE).

PARIS

CHARLES DOUNIOL, LIBRAIRE-ÉDITEUR

RUE DE TOURNON, 29.

1867

NOTICE

SUR

M. L. DE CHEVRY

ADRESSÉE

Au journal l'Instituteur de Seine-et-Marne.

———

Villebéon, le 5 avril 1867.

Monsieur le Rédacteur,

Votre journal étant destiné à faire connaître tout ce qui intéresse l'instruction primaire dans le département, je croyais trouver dans votre dernier numéro un mot de regrets si bien mérités à l'occasion de la mort de M. Langlois de Chevry, décédé à Paris, le 13 mars dernier, à l'âge de quarante ans. Peu de délégués en effet ont fait plus pour encourager le bien dans nos écoles.

M. de Chevry fut nommé délégué en décembre 1854, et spécialement chargé des écoles de Chevry, Vaux et Villebéon. Pour lui ce ne fut point un titre stérile mais une mission qu'il a constamment remplie avec autant de zèle que de bienveillance. Et si de ces deux caractères, l'un ne fut pas toujours apprécié, l'autre au moins domine tout soupçon.

Au reste, là comme ailleurs, sans autre ambition que celle de faire le bien, il poursuivait le but avec une activité calme et persévérante que la contradiction a pu souvent traverser, mais jamais décourager.

Ceux qui ont bien connu M. de Chevry savent que doné d'une rare pénétration de vues, il n'attendait pas que le flot de l'opinion poussât ses efforts. Tout jeune encore et à peine entré dans la vie publique, il les dirigeait vers les deux principaux objets des préoccupations actuelles : l'agriculture dont le gouvernement seconde les labeurs avec un si juste intérêt, et l'instruction primaire qu'il stimule avec une remarquable vigueur. Dès 1860, il fondait dans l'arrondissement de Fontainebleau deux prix pour encourager l'enseignement agricole dans les écoles primaires. En 1865, il institua dans le canton de Lorrez des conférences publiques d'agriculture tenues par M. Gossin, professeur à la ferme-école de Beauvais; et il chargeait M. Petit, M. Poirier et moi de lui transmettre un compte analytique de chaque séance.

L'affluence toujours croissante des auditeurs fut le triomphe de l'habile professeur. Mais elle démontre aussi avec quelle pénétration et quelle justesse le fondateur avait saisi les besoins de l'agriculture et le vœu des cultivateurs dans sa contrée.

Or, ces leçons, M. de Chevry les réalisait dans une de ses fermes exploitée sous sa direction par les soins d'un gérant ; et il continuait, depuis lors, cette expérience pleine d'intérêt, mais probablement brisée maintenant.

L'instruction primaire lui doit plus encore, outre les deux prix, dont je viens de parler, destinés aux maîtres, il animait les efforts des élèves par des récompenses annuelles. Avant l'établissement des bibliothèques scolaires, il préludait à cette création en dotant les écoles de son ressort de livres destinés aux élèves ; plus tard il faisait distribuer à toutes les communes du canton des ouvrages choisis destinés à propager dans les familles les connaissances utiles. Toutefois ces secours étaient peu à ses yeux, il payait les mois d'école d'enfants pauvres et joignait son concours aux libéralités de Madame Brisson, sa tante, pour la reconstruction de la maison d'école de Chevry; il offrait au conseil municipal de Voulx une rente de 500 francs, pour l'établissement d'une école de filles. Cette offre fut rejetée, mais je sais qu'elle persévère malgré la mort de M. de Chevry, et elle finira par triompher.

Un dernier trait également accentue de ce beau caractère, c'était un sentiment de bienfaisance pleine de modestie. Il était peu soucieux de l'apparat et des complications de ce qu'on appelle la bienfaisance publique; aussi, à part ce qu'il devait à l'exemple, il répandait ses bienfaits par les mains d'intermédiaires discrets. C'est par ce moyen que chaque année des enfants pauvres

étaient habillés, des familles indigentes réchauf-
fées pendant l'hiver, ou secourues dans leurs ma-
ladies. Aux uns, il donnait un travail bien rému-
néré ; aux autres il faisait laisser dans ses bois
des ressources non moins considérables que fa-
ciles : ingénieuse et délicate manière d'aider ceux
qu'il ne pouvait secourir ouvertement. Il y a peu
de souffrances qu'il n'ait ainsi trouvé moyen d'at-
teindre et de calmer. Et les intermédiaires de sa
charité savent seuls combien il a soulagé de mi-
sères, combien d'accidents divers il a réparés ou
allégés.

Charité mène à Dieu, dit le proverbe : aussi,
comme toutes les intelligences d'élite et tous les
cœurs généreux, M. de Chevry quitta le monde
en chrétien et plein d'espérance. Il pouvait en
effet saluer avec sécurité cet avenir également dé-
montré par la science et cher à la vertu. Bientôt

des services funéraires furent célébrés dans les églises de Voulx et de Chevry. Villebéon les avait précédées et dépassées dans cette expression de leur commune douleur. Dès le commencement de la cérémonie, les places ordinaires devinrent insuffisantes. Les enfants de l'école au grand complet entouraient le catafalque dans un recueillement que la tenue de l'assistance pouvait seule imprimer à la mobilité de leur âge. Les membres du conseil municipal en corporation, la compagnie entière des pompiers en tenue de deuil occupaient le chœur et l'avant-chœur. Bientôt il fallut, pour créer des places, ranger autour d'eux ceux à qui des relations plus étroites rendaient la mémoire du défunt particulièrement chère. Malgré ces précautions l'église demeura littéralement encombrée. Nulle famille en effet ne se crut exempte de ce douloureux tribut de reconnaissance. — De tels regrets sont le plus bel éloge de celui qui les a mérités ; puissent-ils adoucir un peu la douleur d'une famille si prématurément et si rudement frappée.

C. RIGAULT,

instituteur de Villebéon.

7 avril 1867.

Pompiers de Voulx,

Je ne m'attendais pas au douloureux honneur d'être votre interprète pour adresser quelques paroles sur la tombe de M. Langlois de Chevry, qu'une maladie cruelle a ravi à sa famille et enlevé à votre reconnaissance.

Prié de cette pénible mission par votre lieutenant quelques instants avant cette triste cérémonie, j'ai eu à peine le temps de tracer ces lignes, que m'ont dictées l'estime, le respect, la considération dont votre bienfaiteur était entouré ; bien qu'incomplètes, elles traduiront, du moins je l'espère, les sentiments que vous éprouvez tous.

Si nous considérons l'homme, nous lui reconnaissons, Messieurs, des qualités rares. A la hauteur de sa fortune, toutes les institutions utiles trouvaient en lui un protecteur : toutes les infortunes étaient soulagées ; aimant le travail, il occupait journellement de nombreux ouvriers, qui tous le regrettent ; il était courageux, ferme, dévoué, persévérant dans la lutte, soit qu'il ait à combattre les oppositions qui lui étaient faites, soit qu'il ait à soutenir les assauts plus durs encore de la maladie.

Si nous passons à sa vie privée, chrétien avant tout, il avait une religion solide, de là découlait le bonheur de son intérieur ; il était bon époux, bon père, aimé de ses serviteurs ! il laisse à sa famille un bel héritage, il est augmenté par quelque chose d'aussi précieux.... le souvenir et l'exemple de ses vertus.

Le vide que laisse M. de Chevry parmi vous, dans ces communes, est considérable ; il était aimé et estimé de tous ; votre présence ici, votre tristesse en sont la preuve. Puisse un semblable témoignage adoucir un peu la douleur de l'excellente et digne femme, sa compagne dévouée, qui l'a soutenu physiquement et moralement jusqu'à son dernier souffle. Puisse-t-il apporter quelque soulagement à l'affliction de toute sa famille, de ses enfants qui, jeunes encore, ne peuvent comprendre la perte qu'ils ont faite ; puisse enfin, si nous survivons à cette tombe et que M. Chevry nous voie et nous entende ; puisse ce même témoignage monter jusqu'à lui, comme l'expression sincère des pompiers de Voulx et de tous ceux qu'il laisse ici-bas !

Je ne puis, Messieurs, terminer ces quelques paroles, sans porter à votre connaissance un fait qui s'est passé sous mes yeux, et dont je garderai bien longtemps le souvenir. Il y a bientôt un an, dans les environs de Bichereau, la foudre frappait deux ouvriers; l'un a survécu à ses blessures, la pitié publique vient à son aide; l'autre est mort, asphyxié sous le coup du tonnerre ; le lendemain de cette catastrophe, j'étais à Ferottes : sur le seuil d'une porte, il y avait un modeste cercueil, qui attendait le ministre de la religion, pour le conduire à sa dernière demeure; je vis à quelques pas de moi, une dame d'une mise aussi riche que modeste, se diriger vers la maison mortuaire, foulant aux pieds le respect humain, évitant les regards des passants, sans aucune ostentation; cette pieuse personne s'est mise à genoux et a prié, quelle était belle son âme, elle paraissait identifiée avec Dieu, tant sa prière était fervente! elle lui demandait sans doute : Pitié, pitié, miséricorde pour ce malheureux et sa protection divine pour la veuve et son enfant ; en se relevant, d'une main elle jetait quelques gouttes d'eau sur la bière, et de l'autre, elle faisait son offrande à la pauvre mère. Ce fait bien rare de nos jours, n'est-il pas à imiter, lorsque, surtout, vous saurez que cette vertueuse dame est celle qui pleure aujour-d'hui, à son tour, la mort de son époux. C'était Madame de Chevry, c'est elle qui, dans cet ins-tant, d'une voix émue, parle à nos cœurs et semble nous dire : Adressez, Messieurs, s'il vous plaît, pour mon mari, pour mes enfants, pour moi, la même prière à Dieu.

Inclinons-nous donc, tous, devant ce cercueil qui va bientôt disparaître de nos yeux ; deman-dons au Seigneur tout ce qui peut contribuer au bonheur, à la consolation de cette famille désolée; que le ciel soit déjà la demeure de l'âme de l'homme vertueux que nous pleurons, auquel nous disons un suprême et dernier adieu.

Prononcé au nom des pompiers de Voulx par M. Hoste, aide-major de la compagnie.

HOSTE.

Cimetière de Chevry, le 16 avril 1867.

Messieurs,

En venant dire un dernier adieu à M. de Chevry, j'éprouve le besoin de rappeler quelques épisodes de sa vie aux nombreuses populations qui, comme nous, viennent ici témoigner leurs sympathies pour l'homme dont nous déplorons la perte.

M. de Chevry, qui me fit plusieurs fois l'honneur de me confier ses projets, était plein de sollicitude pour l'agriculture et pour les classes laborieuses qui y sont occupées. Je puis donc vous dire, avec certitude, combien il éprouvait de bonheur à l'idée d'améliorer les procédés de culture et, par suite, de rendre meilleur le sort des habitants de nos localités.

La mort est venue, hélas ! nous l'enlever **bien** jeune encore, à l'âge où les espérances vont **se** réaliser et où le travail persévérant reçoit enfin ses récompenses.

Ses projets, à peine suivis d'éxécution, sont inexorablement suspendus ; ils restent comme un témoignage de son ardent désir de faire le bien. Sa vie fut courte, mais elle fut complétement et utilement remplie. Quoique jeune, il avait l'expérience de l'âge mûr ; quoique souffrant, il combattait le mal pour qu'il lui fût permis d'imprimer sur cette terre une marque indélébile des améliorations qui la rendent plus féconde. Malgré les progrès lents, mais continus, d'une maladie qui devait le conduire dans cette tombe, il ne se décourageait pas ; au contraire, il luttait contre la mort qui le poursuivait et il redoublait d'activité pour conduire à bonne fin la tâche qu'il s'était imposée. Il voulait aplanir et rendre facile la situation qu'il laisserait à ses chers enfants.

Père prévoyant et sage, il avait la conscience tranquille, il vivait ou plutôt il souffrait sans se plaindre, et son repos, si faible qu'il fût, était celui de l'homme juste qui, sans crainte et sans appréhension, est toujours prêt à répondre à l'appel de son Créateur.

Ses occupations dans les affaires particulières et dans les affaires d'intérêt général sont nombreuses. Nous l'avons vu, bien jeune encore, administrer comme maire une commune inquiète et savoir, par son calme, y ramener la paix. Conseiller municipal dans une autre localité, il appuya toutes les propositions utiles qui lui furent soumises. Délégué du conseil académique pour l'instruction publique, il ne se borna pas à recommander les enfants pauvres aux bons soins de l'autorité, il ouvrit sa bourse pour les faire admettre à l'école; il encouragea les élèves et leurs maîtres et, pour ces derniers, il fonda un prix en faveur de l'agriculture. Membre de diverses sociétés, ou étranger à des corporations utiles, il ne négligea, pour les unes et pour les autres, aucun moyen de les aider à persévérer dans la voie du progrès bienfaisant qu'elles tendent à développer.

Homme privé, d'un caractère doux et uniforme, il chérissait sa famille ; bienveillant et affectueux pour ses amis, il ne négligeait personne et ses conversations intimes révélaient son excellent cœur. Il savait partager ses occupations incessantes ; en dehors de ses devoirs toutes ses pensées se reportaient vers l'amélioration, par l'instruction, l'ordre et le travail, du bien-être moral et matériel des populations au milieu desquelles il vivait. Il étudiait chaque jour leurs tendances et leurs besoins, et il savait qu'en suivant la voie du travail, l'homme triomphe de la nature et se crée des ressources infinies. Dans la sphère de ses prédilections, que de travaux, que d'études, que de projets n'aurais-je pas à vous révéler !

Il répondit à l'appel d'une administration sage et éclairée en introduisant, le premier, le drainage dans le canton de Lorrez. Ce procédé d'amélioration du sol, qui donne aujourd'hui à l'agriculture de Seine-et-Marne des produits exceptionnellement abondants, il l'a rendu accessible à tous en dotant le pays d'une machine spéciale.

C'est lui aussi qui obtint que le comice agricole vînt ouvrir ses concours sur le sol de la commune où il a demandé à reposer ; il voulut vous donner l'exemple de ces récompenses et de ces encouragements qui, décernés par des personnes éminentes, vont chercher l'homme laborieux dans les positions les plus humbles comme sur les degrés les plus élevés de l'échelle sociale.

En vous sentant heureux de ces fêtes de famille, son cœur, aujourd'hui enveloppé d'un linceul, alors palpitait d'aise en pensant aux bons exemples que cette mémorable journée répandait parmi vous.

Convaincu que vous accueilleriez avec reconnaissance les efforts qu'il faisait pour le bien public, il organisa des conférences agricoles qui furent suivies avec intérêt et dont les paroles du professeur furent tant de fois couvertes de vos applaudissements.

Ces joies que vous éprouviez, il les partageait avec vous, et chacun comprend qu'avec de pareils antécédents on trouve ici, dans le moment solennel qui nous réunit, ces nombreux assistants qui viennent témoigner de leurs regrets, de leur reconnaissance et de leurs sympathies à la malheureuse famille si cruellement éprouvée par la perte de M. de Chevry.

Ces marques de sollicitude que je rappelle à vos souvenirs, et qui sont autant de traits augmentant nos regrets, ne sont pas les seules que nous ait données M. de Chevry.

Travailleur intrépide, véritable pionnier de l'agriculture, il expérimentait les engrais qui pouvaient profiter à son pays; il recherchait la solution, si complexe au point de vue financier, des transformations végétales; il voulait connaître quelles sont, dans une ferme, les parties dont la valeur rémunératrice est insuffisante. En un mot, il cherchait, par la pratique, à s'identifier aux travaux agricoles qui vous occupent et à en cons-

tater les parties perfectibles ; il voulait, par l'enseignement et par l'exemple du travail, améliorer
la situation actuelle, et tous ses efforts tendaient
vers ce but.

Homme éminemment juste, charitable et bienfaisant, il ne cherchait pas, par des moyens
éphémères, à obtenir une popularité passagère ;
il voulait faire le bien en s'appuyant sur une base
plus large et plus durable. C'est dans le silence
de l'étude et de la méditation que ses pensées
intimes se reportaient constamment vers ce pays
qu'il affectionnait et qui lui servira de tombeau.

Ses efforts pour propager non-seulement l'amour
de l'ordre et du travail, mais principalement la
pratique de doctrines morales et bienfaisantes,
ses efforts, dis-je, ne resteront pas infructueux.
Le témoignage de la sympathie de cet immense
flot populaire qui nous entoure avec recueillement

en est une preuve, et, si Dieu permettait que la pensée de reconnaissance de chacun de nous pénétrât dans sa tombe et vivifiât un instant son cœur engourdi, il tressaillirait d'aise et il pourrait dire comme nous le disons en ce moment suprême : un bienfait n'est jamais perdu.

Puissent mes paroles, faible écho de l'opinion publique, arriver jusqu'aux générations futures, et que nos descendants, en passant au long de ce modeste monument, disent comme nous : « Ici repose un homme de bien. »

A. A. L***.

Messieurs,

Messieurs,

J'ai assez connu, j'ai assez aimé M. de Chevry, pour qu'il me soit permis, à mon tour, de lui adresser, au nom de cette foule attristée, les paroles de l'adieu suprême, l'expression de notre douleur et de nos regrets.

La mort est aveugle et il semble quelle moissonne au hasard dans le champ de la vie les épis verts en même temps que les épis déjà mûrs, l'homme jeune encore aussi bien que le vieillard chargé d'années. Qui de nous n'a pas eu à déplorer une de ces erreurs fatales de la mort qui viennent arracher de nos bras, — mais non de nos cœurs, — des êtres chéris à peine au commencement ou au milieu de leur carrière ? Et si l'on jette en ce moment les regards sur l'assistance émue qui m'environne, si l'on interroge ce silence éloquent, cette attitude recueillie, cette pieuse tristesse, n'est-il pas facile de deviner que l'on se trouve en face d'une de ces catastrophes prématurées et terribles devant lesquelles nous ne pouvons que courber la tête .... et pleurer !...

Lorsque l'homme est arrivé au déclin de la vie, lorsqu'il est plein de jours et que ses jours ont été féconds, lorsque, fatigué de la route, sentant ses facultés amoindries, ses forces dissipées, il s'aperçoit que son œuvre est faite et que l'heure du repos est sonnée, il se peut alors qu'il accueille la mort, non comme une ennemie, mais comme un hôte que l'on attend et que l'on est prêt à suivre sans murmurer. Mais si l'on est à cet âge où l'on a conscience de la plénitude de ses forces, si l'on sent bouillonner en soi-même une séve ardente qui ne demande qu'à s'épanouir en fleurs et en fruits, si, comblé des faveurs de la jeunesse et de la fortune, heureux de son propre bonheur, plus heureux peut-être du bonheur que l'on sait répandre, ou si l'on est parvenu à réunir autour de soi les éléments qui font la vie calme et florissante, oh ! alors, n'est-il pas bien naturel de se révolter contre la mort qui veut vous saisir, de lui résister, de lutter avec elle, et si l'on est vaincu, si l'on tombe, de ne tomber du moins qu'après avoir vaillamment combattu ?

C'est ainsi qu'il est tombé celui que nous regrettons ! C'est ainsi qu'il a soutenu pendant six longues années, jour par jour, heure par heure, cette lutte obstinée dont plus d'une fois il a pu croire qu'il sortirait vainqueur. Car, à suivre la marche lente, inégale, saccadée de l'implacable affection qui nous l'a ravi, on eût dit que la mort reculait parfois devant sa victime, qu'elle hésitait à briser une existence encore si pleine d'avenir, et qu'elle prévoyait le deuil si long, si cruel dont elle allait envelopper, non-seulement une famille nombreuse et vénérée, mais ce canton et ce pays tout entier.

C'est ainsi qu'il est tombé !... Mais du moins il a voulu revenir chercher son dernier asile au sein de cette terre amie, près de sa famille, près de ses pauvres, près de ses concitoyens, au milieu de ceux dont il fut l'époux, le père, le bienfaiteur et l'ami. Et voilà comment nous nous trouvons assemblés ici autour de son tombeau dans une même pensée, dans un même deuil.

Et maintenant vous dirai-je sa vie ? Vous rappellerai-je de quelle tendresse, de quel amour il entourait son épouse, ses enfants, sa tante vé-nérée, cette seconde mère ? De quel amour, de quelle tendresse il était entouré ? Combien était pure, profonde son amitié ? Ah je craindrais, en insistant sur ces détails intimes, de renouveler ou plutôt de raviver une immense douleur. S'il savait aimer, s'il était aimé ? Demandez-le à ceux qui le pleurent.... et leurs larmes vous répondront !....

A côté de cette famille que lui avait donnée la nature, il s'en était créé une seconde pour laquelle sa main était souvent ouverte et qu'il se plaisait à combler de bienfaits. Toutefois, pour être inépuisable, sa charité n'en était pas moins éclairée. Tous les ans il choisissait des enfants parmi les plus déshérités, il leur donnait des vêtements, il leur ouvrait les portes de l'école, et tandis qu'il offrait aux vieillards, aux veuves, aux infirmes le pain du corps, il prodiguait aux petits enfants, aux orphelins le pain non moins nécessaire et plus précieux de l'esprit. Tous les ans, pendant la saison rigoureuse, il rassemblait les indigents, les pères de famille sans ouvrage, et les employait à des travaux mesurés à leur âge et à leur faiblesse ; car il savait que si la misère a sa pudeur, la charité doit avoir sa délicatesse ; il savait que le bienfait n'en est plus un lorsqu'il humilie celui qui le reçoit. Il savait que la mendicité dégrade et que le travail ennoblit, et que lorsque l'aumône tombe dans la main sous la forme ou l'apparence du salaire, on peut toujours l'accepter sans rougir.

Ai-je besoin d'indiquer que, bien que la commune de Voulx ne fût pour ainsi dire que la patrie d'adoption de M. Chevry, qu'elle ne dût posséder ni son berceau, ni sa tombe, rien de ce qui l'intéressait n'échappait à sa sollicitude. Je n'en veux pour témoins que ce corps de jeunes musiciens, cette fanfare harmonieuse qui tant de fois apporta quelque distraction, quelque soulagement au pauvre malade emprisonné dans son château de Bois-Millet, que cette compagnie d'élite de soldats-citoyens réunis aujourd'hui comme ils le sont au jour de l'épreuve et du danger, et qui viennent déposer l'un et l'autre sur les cendres de leur bienfaiteur assidu leur dernier tribut d'estime, de respect et de gratitude.

Ce qu'était M. de Chevry, ce qu'il a fait au milieu de nous comme homme public, je viens déjà de vous le faire pressentir, d'ailleurs vous le savez aussi bien que moi. Vous avez connu et apprécié son caractère ferme, son esprit merveilleusement ordonné, sa probité sans tache, son équité rigoureuse, son irréprochable loyauté. Homme de son siècle et de son temps, il aimait le progrès et l'encourageait sous toutes les formes. L'agriculture, surtout, était l'objet de ses préférences et il lui prodiguait toutes ses faveurs. Vous

vous souvenez qu'il y a quelques années à peine,
il fondait et installait dans son domaine de Chevry
un comice agricole, et que, envisageant les résul-
tats féconds qui pouvaient naître dans l'avenir de
cette utile institution, il considérait ce jour comme
l'un des meilleurs de sa vie. — L'année suivante,
il organisait dans les principales communes du
canton des conférences où étaient nettement ex-
posés par un professeur spécial les progrès, les
ressources de la culture, enrichie des leçons de la
pratique et des conquêtes de la science. Dans les
assemblées cantonales, dans les réunions munici-
pales, il apportait cet esprit réfléchi, cette modération de langage, cette dignité de manières, qui
tant de fois ont contribué à donner aux affaires
une solution conforme aux véritables intérêts des
communes. Et cependant, cette modération n'était
pas de la pusillanimité, cette bienveillance n'était

pas de la faiblesse; comme ces vases de verre fragile qui contiennent des liqueurs généreuses, il possédait, sous une débile enveloppe, une vigoureuse organisation morale, ce frêle fourreau renfermait une lame solidement trempée. — Aussi lorsque vint le jour des épreuves, s'il redoutait la mort, c'était moins pour lui-même que pour les êtres aimés qu'il laissait après lui. Mais les angoisses pouvaient briser son cœur d'époux et de père, elles ne pouvaient obscurcir ni troubler son esprit. Longtemps avant l'heure fatale il avait mis ordre à ses affaires, disposé ses dernières volontés avec ce calme, cette sérénité qui ne l'a jamais abandonné, et aussi avec cette touchante mémoire du cœur qui n'oublie rien, ni personne. — Il faisait ses adieux à tous ceux qu'il aimait comme un pèlerin qui s'apprête à partir pour des contrées éloignées; et n'est-ce pas pour un long voyage, pour le voyage dont on ne revient plus, qu'il est parti ?

Je m'arrête, Messieurs, dans l'énumération des bienfaits, des bonnes œuvres, des projets, des aspirations de notre cher défunt. Ce chapitre serait interminable.

Il est donc parti ! Il est perdu pour nous sans retour, mais s'il est une pensée qui doive, sinon nous consoler, du moins tempérer l'amertume de notre douleur, c'est qu'il laisse auprès de nous, la compagne généreuse et dévouée, dont nous avons tous pu apprécier la libéralité et le grand cœur ; c'est qu'il nous laisse des enfants qui grandiront dans ces traditions d'honneur, de bienfaisance et de progrès, et qui tiendront à honorer la mémoire de leur père en perpétuant ses bienfaits au sein de notre population ; il nous laisse à tous, avec l'exemple et le souvenir de ses vertus, le bien qu'il a semé et que saura fertiliser l'avenir.

Et d'ailleurs est-ce donc un adieu éternel que nous adressons à celui que nous ne verrons plus parmi nous? Non, il est au delà de la tombe un asile où se retrouveront les âmes honnêtes, les cœurs justes et droits. C'est là que nous le reverrons, car la mort qui sépare sait aussi réunir; et si éloigné qu'il paraisse, il sera bientôt arrivé, le jour de l'éternelle réunion!

Au revoir donc dans un monde meilleur, ô vous dont nous emportons dans nos cœurs l'impérissable mémoire. — En nous éloignant de ce champ de la mort nous n'abandonnons pas, nous ne laissons pas seule votre chère dépouille, nous laissons auprès de votre tombe, pour nous représenter et pour veiller sur elle, deux anges bénis et consolateurs :

L'Espérance et le Souvenir.